中华名人故事图画书
山东城市出版传媒集团·济南出版社

孙子的故事

图 忻秉勇
文 肖霞

图书在版编目（CIP）数据

孙子的故事/忻秉勇，肖霞著.—济南：济南出版社，2023.2
（中华名人故事图画书）
ISBN 978-7-5488-5302-2

Ⅰ.①孙… Ⅱ.①忻… ②肖… Ⅲ.①孙武—生平事迹—青少年读物 Ⅳ.① K825.2-49

中国版本图书馆 CIP 数据核字（2022）第 216642 号

孙子的故事
SUNZI DE GUSHI

出 版 人	田俊林
责任编辑	范　晴
封面设计	焦萍萍
出版发行	济南出版社
地　　址	山东省济南市二环南路 1 号
邮　　编	250002
印　　刷	济南新先锋彩印有限公司
版　　次	2023 年 2 月第 1 版
印　　次	2023 年 4 月第 1 次印刷
成品尺寸	170 mm × 240 mm　16 开
印　　张	5.25
字　　数	32 千字
书　　号	ISBN 978-7-5488-5302-2
定　　价	39.80 元

（济南版图书，如有印装错误，请与出版社联系调换。联系电话：0531-86131736）

年少隐居耕读的淡泊明志
吴国斩姬练兵的正直刚毅
行军作战、以少胜多的智计……
爱好和平,而又不畏战争
战与和的跌宕起伏与协调平衡
也是中华民族的性格基因
在生动的笔墨交错间
感受兵圣非凡的一生和卓越的智慧

孙武,字长卿,
后人尊称其为孙子,
生卒年不详,约与孔子同时而稍晚。
他是舜帝后代,陈国公子陈完七世孙,
凭借一部《孙子兵法》、
一次以少胜多的著名战役——吴楚柏举之战而名垂青史,
史称"兵圣"。

> 兵者,国之大事,死生之地,存亡之道,不可不察也。
> 《孙子兵法·计篇》

陈国是上古舜帝的后裔，姓妫。

春秋初期，

陈厉公太子完出生时，

周太史恰巧经过陈国。

周王室的太史都擅长占卜之术，

因此陈厉公请他占卜儿子的未来。

占卜的卦象由《观》卦变为了《否》卦。

内容大意是：

这个孩子前程远大，

妫氏之后的发扬光大就全靠他了；

但这不会发生在他身上，

而是应验在他后代身上；

不会发生在陈国，

而是在姜姓之国。

善守者，藏于九地之下；善攻者，动于九天之上。
故能自保而全胜也。 《孙子兵法·形篇》

陈国宫廷内乱，

陈厉公被杀，

陈完逃亡到齐国。

齐桓公知道陈完出身高贵，

而且很有才能，

想重用他为齐国之卿。

陈完坚决推辞，

于是齐桓公就任用他为工正（管理工匠的官）。

由于他受赐的采邑在田，

所以又被称为田完。

齐国大夫懿仲觉得田完是个人才，

想把自己的女儿嫁给他。

他请人占卜吉凶，

结果十分吉利，

说田完的后代在齐国一定会非常兴旺发达。

懿仲就把女儿嫁给了田完。

激水之疾，至于漂石者，势也；鸷鸟之疾，至于毁折者，节也。是故善战者，其势险，其节短。　《孙子兵法·势篇》

田氏在齐国发展到第六代，
已经站稳了脚跟。
孙武的祖父田书，
在齐国位居大夫，势力很大。
公元前523年，
田书在攻打莒国的战役中立下大功，
齐景公赐姓孙，
因此田书又叫孙书。
另外，齐景公还把乐安赐给他做采邑。
孙武的父亲孙凭，
官做得更大。
生长在这样的家庭环境中，
孙武不但接受了很好的教育，
而且在长辈的影响下对兵法产生了浓厚的兴趣。

兵者，诡道也。故能而示之不能，用而示之不用，近而示之远，远而示之近。利而诱之，乱而取之，实而备之，强而避之，怒而挠之，卑而骄之，佚而劳之，亲而离之，攻其无备，出其不意。　《孙子兵法·计篇》

齐国田氏、鲍氏、栾氏、高氏四大家族

为争夺权势发生内斗，

孙武不愿纠缠其间，

就避难来到了吴国。

按照惯例，

逃亡到其他诸侯国的贵族子弟还可以继续做官。

但孙武到吴国并未投靠吴王，

而是在吴国都城姑苏城外的山中隐居下来。

孙武一边耕读自乐，

一边潜心研究历代战争的经验教训，

著述兵书。

故用兵之法，高陵勿向，背丘勿逆，佯北勿从，锐卒勿攻，饵兵勿食，归师勿遏，围师遗阙，穷寇勿迫。此用兵之法也。　《孙子兵法·军争篇》

陶醉于青山绿水与兵法世界中的孙武，
就在这风光如画的姑苏城，
结识了历史上同样大名鼎鼎的伍子胥。
伍子胥，名员，贵族出身。
其父伍奢，德高望重，
是楚平王太子建的太傅（第一导师）。
太子建还有一位少傅（第二导师）叫费无忌，
由于平时不受太子重视，
费无忌对伍奢非常嫉妒，
便想方设法陷害太子、除掉伍奢。
楚平王听信谗言，赶走太子，
并杀害了伍子胥的父亲伍奢。
伍子胥的哥哥伍尚在这次事件中也未能幸免于难。
伍子胥历尽艰辛逃到吴国，
投到了吴王僚的堂兄——公子姬光的门下，
同时暗中结识英雄豪杰，以备将来之用。

奇正相生，如循环之无端，孰能穷之？
《孙子兵法·势篇》

周敬王五年（前515），
在伍子胥的策划下，
姬光在家设宴招待吴王僚。
宴会上，
伍子胥的结拜兄弟专诸
将一把名叫"鱼肠"的匕首藏在鱼肚内，
端到吴王僚面前，
突然拔出匕首刺杀了吴王僚。

攻而必取者，攻其所不守也。守而必固者，守其所不攻也。故善攻者，敌不知其所守；善守者，敌不知其所攻。　《孙子兵法·虚实篇》

姬光除掉了政治对手吴王僚后，登上王位。

这就是后来鼎鼎大名的吴王阖闾。

吴王阖闾是一位雄才大略的君主，

一心想富强吴国，称霸天下。

他想重用伍子胥和从楚国逃难来的贵族公子伯嚭（pǐ），

但又担心二人一心复仇，

不顾吴国长远利益。

故善战人之势，如转圆石于千仞之山者，势也。

《孙子兵法·势篇》

吴王举棋不定，登台长啸，
群臣没人知道阖闾的心思。
伍子胥深晓吴王之意，
借与吴王论兵的机会，
向吴王推荐孙武。
吴王陷入沉思，
将军是非常重要的职位，
平凡之辈难以胜任。
吴王阖闾很难相信一个名不见经传的隐士
能够成为叱咤疆场的将军。
伍子胥深信自己的眼光，
他一天之内七次向吴王推荐孙武，
说："有没有才能，一试便知。"
吴王拗不过伍子胥，答应一见。

故善战者，立于不败之地，而不失敌之败也。
《孙子兵法·形篇》

孙武觐见吴王阖闾。

吴王询问了孙武的家庭背景，

感到很满意。

他又问及行军打仗之法，

孙武早有准备，

献上自己写的十三篇兵法作品。

吴王一见，大为折服，

每读一篇，都赞不绝口。

他一边读，一边喃喃自语：

"此人有如此高深的兵学思想，

不知实际用兵能力如何？"

夫将者，国之辅也，辅周则国必强，辅隙则国必弱。

《孙子兵法·谋攻篇》

吴王想试试孙武，
就问他能否用兵法做些游戏。
孙武郑重地回答说：
"用兵是一件很严肃的事情，
直接关系人的利害存亡，
是不能随便用来游戏或开玩笑的。"
吴王很认同孙武的看法，
但还是很想见识一下孙武的实际才能。
吴王问道：
"先生能不能用吴宫的宫女来操演兵法？"
孙武明白吴王的心意，
就答应了吴王的请求。
但他同时指出，
妇人从未接触过战争，
临阵多不严肃，
恐怕吴王将来会后悔。
吴王不以为意，
认为只是演练一下，
又没有什么危险，
就满口答应了下来。

善用兵者，修道而保法，故能为胜败之政。

《孙子兵法·形篇》

吴王和孙武约定，

次日上午到吴宫后面的演兵场操练女兵。

第二天一早，

孙武来到演兵场等候。

演兵场周围已围满了看热闹的人，

毕竟用宫女练兵，

可是破天荒的事。

故三军可夺气，将军可夺心。　《孙子兵法·军争篇》

吴王宫中选出的三百多名宫女陆续来到演兵场,
莺声燕语,佳丽如云,
引起围观众人浓厚的兴趣和热烈的讨论。
孙武把宫女分成两队,
每队一百八十人,
按照身高编制好队列,
又让吴王的两名宠姬担任队长。

> 所谓古之善用兵者,能使敌人前后不相及,众寡不相恃,贵贱不相救,上下不相收,卒离而不集,兵合而不齐。 《孙子兵法·九地篇》

孙武站在指挥台上，

开始仔细宣讲军令的操练要领。

他先伸出自己的左右手，

然后指指自己的前心后背，

让大家明白基本方向和行列知识。

孙武说：

"每种动作都由鼓声统一指挥。

鼓声指示向前，就要目视前方；

鼓声指示向左，就看自己的左手；

鼓声指示向右，就看自己的右手；

鼓声指示向后，就转向自己后背方向。

大家听明白了吗？"

宫女们回答：

"听明白了。"

故善用兵者，譬如率然；率然者，常山之蛇也。击其首则尾至，击其尾则首至，击其中则首尾俱至。　《孙子兵法·九地篇》

宣讲完毕，

孙武命人拿来执法用的斧钺，

竖立在演兵场的一侧，

然后再次把军令演示了一遍。

宫女们已经不耐烦了。

演练开始了。

鼓声响起，

指示士卒向右前进。

宫女们从未经历过这种场面，

既新奇又好笑，

纷纷掩口而笑，

完全不成队列。

将军之事：静以幽，正以治。 《孙子兵法·九地篇》

吴王远远坐在观礼台上,

看此情景觉得十分好笑。

他想看看孙武如何应付这种局面。

孙武命令鼓声停下来。

他先严肃自责,

然后再一次把军令详细申述一遍,

又叫过两名队长,

反复申斥,

要求她们以身作则,

听从号令。

以治待乱,以静待哗,此治心者也。

《孙子兵法·军争篇》

这次孙武亲自击鼓指挥，

命令士卒向左方行进。

宫女们依然嬉笑如故。

孙武大怒，

两目圆睁，

发上冲冠。

他叫来执法官，

问道：

"按照军法，不服从军令该当何罪？"

执法官回答：

"其罪当斩！"

故其疾如风，其徐如林，侵掠如火，不动如山，难知如阴，动如雷霆。 《孙子兵法·军争篇》

孙武面色铁青,

毫不犹豫地命人将两名队长推下去斩首。

吴王大惊,

忙派人传令孙武,

请求手下留情。

他说:

"寡人知道将军能用兵了。

没有这两位美姬,

寡人食不甘味,

请将军看在寡人的面上放了两人。"

孙武义正词严地回答:

"庙堂之上,大王命我带队演兵,

虽是女兵,却君无戏言。

孙武今天将兵在外,君命有所不受。"

说完,就下令当场斩了两名女队长。

涂有所不由,军有所不击,城有所不攻,地有所不争,君命有所不受。 《孙子兵法·九变篇》

孙武又挑了两名宫女做队长，

亲自擂鼓，继续操练。

这一次，众女兵动作出乎意料地整齐划一，

进退回旋、跪起爬滚，

无不中规中矩，

再也没有一丝懈怠。

孙武向吴王通报操练情况：

"女兵队伍已经训练好，

无论大王让她们做任何事情，

她们都会按您的命令去做，

绝不会有任何含糊。"

视卒如婴儿，故可与之赴深谿；视卒如爱子，故可与之俱死。厚而不能使，爱而不能令，乱而不能治，譬若骄子，不可用也。　《孙子兵法·地形篇》

吴王怒气未息，
冷冷地对孙武说：
"请将军回去休息，
寡人心绪不佳，
不愿再看下去了。"
孙武淡然一笑：
"原来大王只是喜欢书上的空道理，
并不想真正实行它。"
然后他告辞回到自己的馆舍，
准备离开。
伍子胥劝阻了他。

主孰有道？将孰有能？天地孰得？法令孰行？兵众孰强？士卒孰练？赏罚孰明？吾以此知胜负矣。

《孙子兵法·计篇》

吴王失去两名爱姬,

当面不好发作,

回去后一连几天都烦躁不安。

伍子胥进谏:

"兵者凶事,不能空试。

诛伐如果不行,兵道就会不明。

大王如欲兴兵伐楚,威震天下,

除了孙将军还有谁能做到呢?"

吴王终于解开心结,

决定亲自前去挽留孙武。

孙武向吴王谢罪,

并解释杀吴王美姬的理由:

"令行禁止,赏罚分明,

是为将治军的通则,

也是克敌制胜的基础。"

一番深谈,吴王怒气全消,尽释前嫌。

计利以听,乃为之势,以佐其外。势者,因利而制权也。 《孙子兵法·计篇》

吴王决定正式拜孙武为将军。

在孙武的严格训练下，

吴国军队很快成为一支

纪律严明、骁勇善战的无敌之师，

为日后吴国争霸之路奠定了坚实的基础。

投之亡地然后存，陷之死地然后生。夫众陷于害，然后能为胜败。　《孙子兵法·九地篇》

阖闾三年（前512），
吴国兴兵伐楚。
吴王命伍子胥、孙武为将，
夺取舒城，
斩杀了前吴王僚逃亡到楚国的两个胞弟。
吴王想乘机进攻楚国都城郢。
孙武认为时机并不成熟，
就劝谏吴王说：
"不可，士卒们太过疲惫，
大王还是再等等吧。"

故善用兵者，屈人之兵而非战也，拔人之城而非攻也，毁人之国而非久也，必以全争于天下，故兵不顿而利可全，此谋攻之法也。　《孙子兵法·谋攻篇》

楚国是传统的强国,

楚昭王是一位仁厚的君主,

令尹子常刚刚又诛杀了奸臣费无忌,

大快人心。

此时的楚国吏治清明,

万众一心。

吴王自己也知道现在时机并不成熟,

就听从了孙武的建议,

收兵回国。

此后,

孙武一方面精心操练兵马,

另一方面帮吴王定下了灭楚的战略方针:

一是疲楚误楚,

二是静观其变。

故用兵之法,十则围之,五则攻之,倍则分之,敌则能战之,少则能逃之,不若则能避之。故小敌之坚,大敌之擒也。　《孙子兵法·谋攻篇》

阖闾六年（前509），

蔡国国君蔡昭侯朝觐楚王，

命人制作了两枚玉佩和两件狐裘大衣，

十分精美，

其中一佩一裘献给楚王，

自己留用另一份。

楚国令尹子常为人十分贪婪，

派人向蔡昭侯索取另一份。

蔡昭侯不给，

子常便找借口非法扣留他达三年之久。

同年，

唐国国君唐成公朝觐楚王，

驾车的两匹宝马神骏非常，

子常垂涎三尺，

必欲得之而后快。

唐成公不给，

子常如法炮制，

同样将他扣留了三年。

> 夫未战而庙算胜者，得算多也；未战而庙算不胜者，得算少也。多算胜，少算不胜，而况于无算乎！吾以此观之，胜负见矣。 《孙子兵法·计篇》

阖闾八年（前507）冬天，
蔡、唐两国大臣设法说服本国国君，
把玉佩、狐裘和宝马献给子常，
蔡昭侯、唐成公才得以归国。
两国对楚国的不满情绪达到了极点。

> 故知胜有五：知可以战与不可以战者胜，识众寡之用者胜，上下同欲者胜，以虞待不虞者胜，将能而君不御者胜。此五者，知胜之道也。　《孙子兵法·谋攻篇》

阖闾九年（前506），
吴王认为吴国实力已经足够强大，
便旧话重提，
与伍子胥、孙武二人商讨伐楚大计。
孙武展开地图，
为吴王分析两国形势：
"楚国地大兵强，
郢都又相距遥远，
从楚国境内正面进攻郢都太过凶险，
必须从外围绕道奇袭才有成功的希望。
而要绕道，
唐、蔡两国是必经之地，
因而必须得到两国的支持才行。"

故上兵伐谋，其次伐交，其次伐兵，其下攻城。

《孙子兵法·谋攻篇》

孙武苦苦等待的机会终于来了。

这年秋天，

怀恨在心的蔡国灭了楚国的附庸国沈国。

楚国兴兵围蔡，誓报沈国之仇。

蔡国向吴国求救。

经过孙武等人的详细谋划后，

吴王阖闾御驾亲征，

以伍子胥、孙武为将军，

以胞弟夫概为先锋，

率三万水陆大军，

以救蔡为名，秘密向蔡国进发。

吴军遵循孙武"出其不意，攻其不备"的指导思想，

秘密抵达淮汭，

与唐、蔡两国会师，

迅速通过楚国北部大隧、直辕、冥阨（è）三道险关，

挺进汉水东岸，

与楚军夹岸对峙。

> 兵之情主速，乘人之不及，由不虞之道，攻其所不戒也。　《孙子兵法·九地篇》

楚国令尹子常并没有把吴军放在眼里,
要求渡过汉水与吴国军队作战。
孙武利用子常轻敌的心理,
采取将计就计、后退诱敌、伺机决战的对策,
一举击败楚军。
随后,
在孙武的指挥下,
吴军在小别山与大别山之间与楚军周旋,
屡次挫败楚国的精锐部队,
极大地打击了楚军的士气。

夫地形者,兵之助也。料敌制胜,计险厄远近,上将之道也。 《孙子兵法·地形篇》

十一月，子常带领屡战屡败的楚军
退缩到郢都的门户、军事重地柏举，
再也没有后退的余地，
决心背水一战。
吴国军队胜利在望，
群情振奋。
孙武告诫吴王不可掉以轻心，
并与伍子胥一起，
为柏举之役制订了详细的作战计划。

故战道必胜，主曰无战，必战可也；战道不胜，主曰必战，无战可也。故进不求名，退不避罪，唯人是保，而利合于主，国之宝也。　《孙子兵法·地形篇》

第二天清晨，

吴王阖闾的胞弟夫概请令出战。

他认为楚国令尹子常刻薄寡恩、贪得无厌，

手下将士不肯替他卖命，

此次出战一定能大败楚军。

桀骜不驯的夫概，

不顾哥哥的阻拦，

带领自己的五千士兵径自出战。

夫概此举打乱了事前的作战计划，

所幸楚军此前屡败，

早已成惊弓之鸟，

受此突袭，

便被一举击溃。

凡战者，以正合，以奇胜。故善出奇者，无穷如天地，不竭如江河。 《孙子兵法·势篇》

孙武当机立断，

指挥吴军乘胜追击，

先后在清发水、雍澨（shì）等地追上楚军，

给楚军残部以多次沉重打击。

楚军主帅子常潜逃郑国，

吴军取得柏举之战的重大胜利。

失去柏举的屏障，

郢都完全暴露在吴军的铁骑之下。

楚昭王一面组织兵力拦截吴军，

一面仓皇撤离郢都。

孙武率领吴军长驱直入，

势如破竹，五战五捷，

终于在十一月底前攻下郢都。

这一仗，在孙武的精心组织和策划下，

吴军千里奇袭，

以三万兵力破楚二十万兵力，

创造了中国战争史上的奇迹。

故善动敌者，形之，敌必从之；予之，敌必取之。以利动之，以卒待之。　《孙子兵法·势篇》

楚国大夫申包胥千里迢迢赶到秦国求救，
秦人不许。
申包胥站在秦国宫门外不吃不喝，
一连哭了七天七夜，
终于感动了秦哀公。
秦国答应发兵车五百乘抗吴救楚。

故备前则后寡，备后则前寡，备左则右寡，备右则左寡，无所不备，则无所不寡。寡者，备人者也；众者，使人备己者也。　《孙子兵法·虚实篇》

吴王阖闾被巨大的胜利冲昏了头脑,

不听孙武尽快班师回国的建议,

一心想要抓住楚昭王。

夫概趁这个空当,

偷偷回到吴国自立为王。

内外交困的吴王阖闾最终还是听从孙武的劝告,

挥师归国平叛。

夫概不是孙武等人的敌手,

仓皇败走,

逃到楚国避难。

故经之以五事,校之以计,而索其情。一曰道,二曰天,三曰地,四曰将,五曰法。《孙子兵法·计篇》

两年后，

吴王阖闾再次任命孙武、伍子胥为将，

辅佐太子夫差兴兵伐楚，

攻取楚国的番地。

孙武名动天下，

楚国被吓破了胆，

将都城迁到了鄀。

又过了三年，

吴王阖闾在与越国的一次战斗中受伤，

不治而亡。

临终前，

他嘱咐孙武等人辅佐太子夫差，

完成自己未竟的事业。

知彼知己者，百战不殆；不知彼而知己，一胜一负；不知彼不知己，每战必殆。 《孙子兵法·谋攻篇》

孙武与伍子胥一起，

辅佐新一代吴王夫差。

向南打败越国，

为夫差报了杀父之仇；

向北威震齐、晋，

最终成就了吴国的霸主地位。

> 凡用兵之法，全国为上，破国次之；全军为上，破军次之；全旅为上，破旅次之；全卒为上，破卒次之；全伍为上，破伍次之。 《孙子兵法·谋攻篇》

孙武的一生,

除了赫赫战功以外,

更重要的是他给后人留下了一部

前无古人的军事奇书《孙子兵法》。

《孙子兵法》全书有13篇6000余字,

是我国现存最早的兵书,

在中国乃至世界军事领域产生了深远的影响。

是故百战百胜,非善之善者也;不战而屈人之兵,善之善者也。　《孙子兵法·谋攻篇》

《孙子兵法》留给世人的

绝不仅仅是关于战争的各种阴谋阳谋，

更多的是如何对待战争的智慧。

正如孙武所说，

战争固然需要诡诈的手段，

但慎重对待战争，

不骄不躁、知己知彼、不战而屈人之兵才是王者之道。

孙武的哲学精神早已融入我们中华民族爱好和平、

不畏强权的民族性格当中。

夫兵形象水，水之形，避高而趋下；兵之形，避实而击虚。水因地而制流，兵因敌而制胜。故兵无常势，水无常形，能因敌变化而取胜者，谓之神。　《孙子兵法·虚实篇》